# 예술이 왜 필요할까?

LITTLE BOOK, BIG IDEA: BOOK 3. WHAT IS ART?
ⓒ What is ART? 2022
Korean translation rightsⓒ 2023 Bom-majung
Korean translation rights are arranged with Noodle Juice Ltd through AMO Agency, Korea
All rights reserved

이 책의 한국어판 저작권은 AMO 에이전시를 통해 저작권자와 독점 계약한 봄마중에 있습니다.
저작권법에 의해 한국 내에서 보호를 받는 저작물이므로 무단 전재와 무단 복제를 금합니다.

질문 많은 어린이를 위한 생각 수업

# 예술이 왜 필요할까?

사라 월든 지음 | 케이티 루스 그림 | 이채이 옮김 | 한명식 도움글

봄마중

# 차례

사람이라면 예술을 즐길 수 있는 능력이 중요해요.
그렇다면 예술이란 정확히 뭘까요?
어떤 게 예술이고 어떤 게 예술이 아닌지 어떻게 알 수 있을까요?
몇 가지 질문으로 예술이 무엇인지, 왜 필요한지 알아봐요.

예술이 뭘까요? • 6

예술은 어떤 역할을 할까요? • 8

예술은 언제부터 시작되었을까요? • 10

무엇으로 예술을 만들 수 있을까요? • 12

그림이 뭘까요? • 14

조각이 뭘까요? • 16

도자기가 뭘까요? • 18

현대 미술이 뭘까요? • 20

컴퓨터로 예술을
할 수 있을까요? • 22

예술이 좋은지 어떻게
알 수 있을까요? • 24

예술로 무엇을
할 수 있을까요? • 26

예술은 우리에게
어떤 도움을
줄까요? • 28

이 책을 읽고
예술가와 함께
이야기해 봐요 • 32

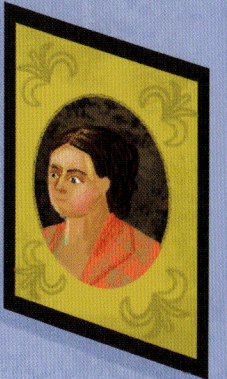

# 예술이 뭘까요?

예술은 즐거움을 위해 만들어진 거예요.
혹은 풍성한 감정을 느끼기 위해서지요.
예술 작품에는 그림, 조각, 건물, 동상 등이 있어요.
한 점의 도자기도 예술 작품이 될 수 있죠.
예술가는 아름다운 작품을 만들거나
우리가 다르게 생각할 수 있는 작품을 만들어요.
예술을 설명하는 세 가지는 묘사, 표현 그리고 형식이에요.

## 묘사
묘사는 꽃이나 동물같이 아름답거나 의미 있는 것을 그대로 나타내는 거예요.

## 표현
표현은 자신의 느낌이나 감정을 담아 전달하는 방식이에요.

## 형식
형식은 선, 색깔 또는 모양을 이용해서 무언가 새로운 느낌을 만들어내는 거예요.

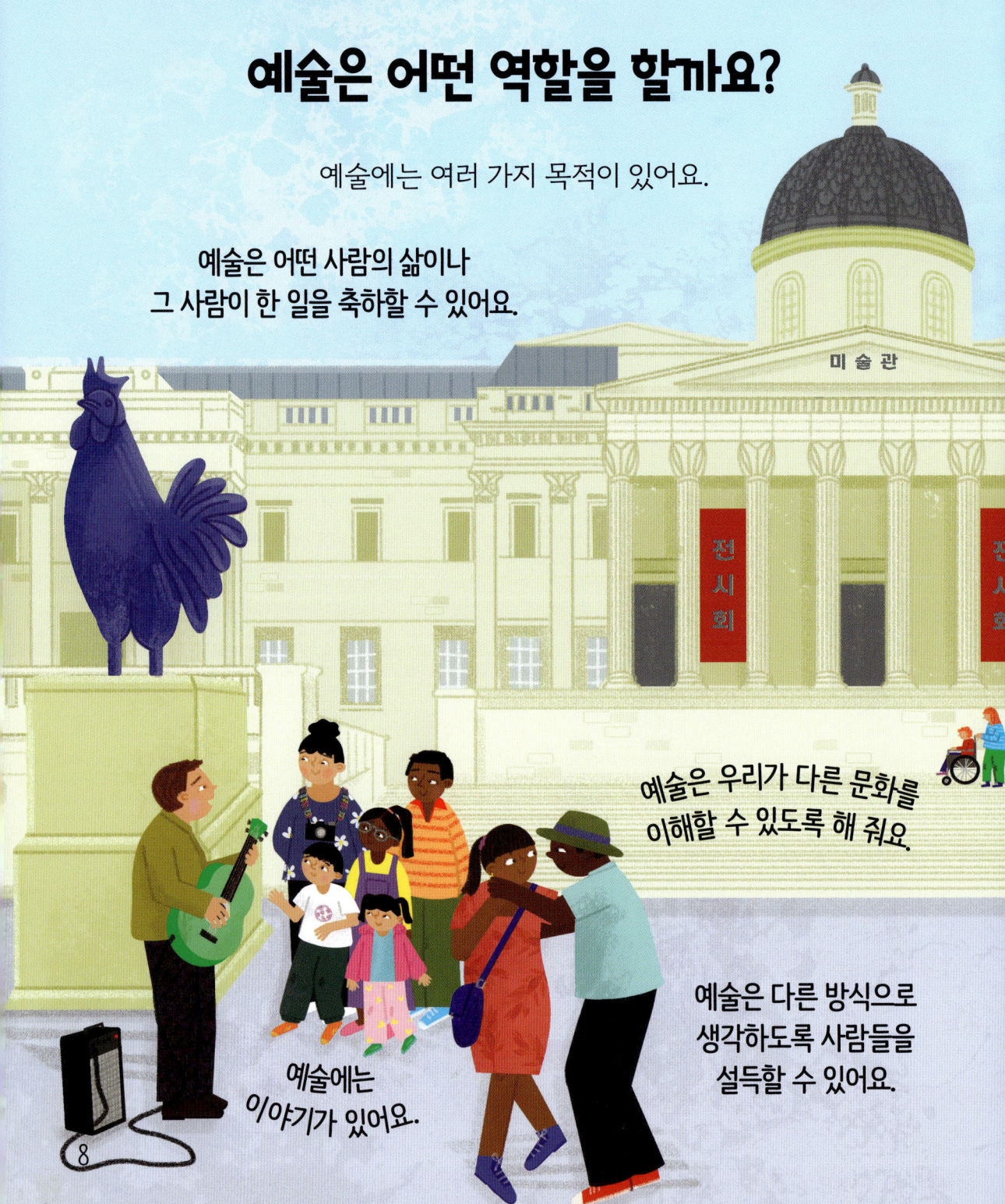

훌륭한 예술은 어떤 식으로든
보는 사람에게 감동을 줘요.

직접 예술 작품을 만들면
우리가 느끼는 감정을 나눌 수 있어요.
예술은 표현의 방법이 될 수 있거든요.

예술 작품은 아름다워요.
아름다운 것을 보고 있으면
희망이 생겨요.

예술 작품을 볼 때면
속상하고 힘들었던 마음이
사라지고 기분이 좋아져요.

그림이나 조각을 완성하면
정말 뿌듯해요. 예술은
우리에게 자신감을 주지요.

# 예술은 언제부터 시작되었을까요?

먼 옛날, 사람들은 동굴 속에서 살면서 자신들의 이야기를 벽화로 그렸어요.

고대 그리스인들은 검은색으로 꽃병을 장식했어요.

이집트에서는 파라오의 무덤을 조각과 벽화로 꾸몄어요.

로마인들은 2천 년도 전에 판테온을 지었어요.

중세 시대에는 알록달록한 그림과 *태피스트리가 이야기를 전달하는 데 도움을 주었어요.

중국의 예술가들은 옥과 도자기, 비단으로 자연의 이미지를 만들어냈지요.

레오나르도 다 빈치 같은 르네상스 시대 화가는 유화 물감으로 최고의 작품을 만들었어요.

오늘날 예술가들은 컴퓨터나 카메라로 작품을 만들어요.

*태피스트리 : 여러 가지 색실로 그림을 짜 넣은 천.

# 무엇으로 예술 작품을 만들 수 있을까요?

유화로 혹은 수채화로

목탄과 파스텔, 크레용으로

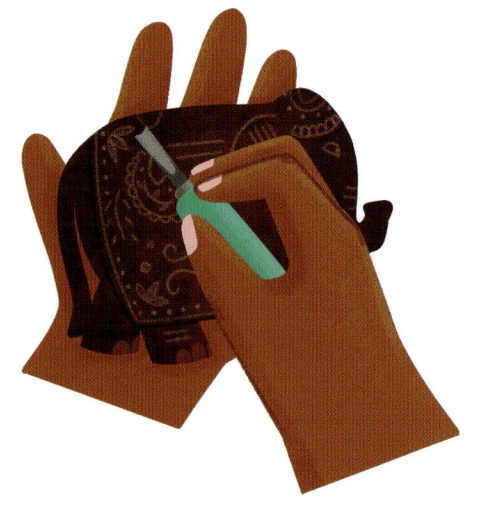

대리석, 청동 또는 나무로

도자기로

스프레이 물감으로

조명이나 구겨진 침대 시트로

예술 작품을 만들기도 해요.

어떤 사람들은 *보디 아트를 만들고
잉크로 문신을 그려요.

어떤 사람들은 재료로
섬을 둘러싸기도 해요.

모든 것이 예술 작품의 재료가 돼요.

*보디 아트 : 인체를 미술의 재료로 삼는 예술.

# 그림이 뭘까요?

간단히 말해서, 그림이란 평평한 면에 물감으로 그린 것을 말해요.
도화지에도, 천장에도 그림을 그릴 수 있어요.
예술가들은 보통 붓으로 그리지만,
때로는 손이나 발을 사용하기도 해요.
양동이로 물감을 뿌리는 예술가도 있어요.

어떤 그림은 액자가 있고 어떤 그림은 액자가 없어요.

그림에는 다양한 형식이 있어요.
가장 유명한 몇 가지를 소개할게요.

인상주의

*아르누보

바로크

*아르데코

르네상스 미술

고전주의

*아르누보 : 구불구불한 선이 반복적으로 사용되는 그림 형식.
*아르데코 : 직선과 대칭을 주로 사용하는 그림 형식.

# 조각이 뭘까요?

조각이란 여러 가지 재료로 만든 입체예요.
조각가는 돌, 점토, 나무, 금속 등으로 작품을 만들어요.

조각품은 모든 방향에서 볼 수 있도록
원형으로 만들 수도 있고

벽이나 배경에서 튀어나오는
양각으로 만들 수도 있어요.

금속 조각품은 청동과 같은
녹인 금속을 틀에 부어서 만들어요.

어떤 조각가는
큰 작품을 만들지만

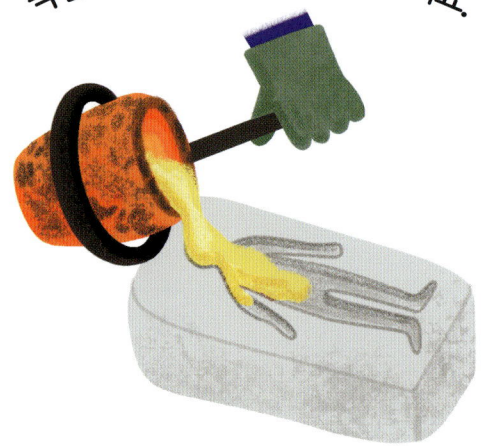

작게 만드는 것을
좋아하는 조각가도 있어요.

어떤 조각은 보이는 것보다
보이지 않는 것이 무엇인지
살펴야 해요.

# 도자기가 뭘까요?

도자기는 수천 년 동안 예술 작품으로 만들어져 왔어요.
도예가는 점토로 도자기를 만든 다음
높은 온도의 불에 단단하게 구워요.
도자기로 꽃병, 접시, 찻주전자도 만들 수 있어요.
꼭 쓸모가 있어야만 하는 건 아니에요.
보기에 좋으면 되지요.

도자기는 손으로 주물러 만들거나

물레로 만들 수도 있어요.

옛날에는 도자기에 무늬를 찍어서 꽃병으로 장식했어요.

도예가들은 도자기에 색을 칠하기 위해 유약 같은 것을 사용해요.

매우 정교한 도자기는 자기로 만들어요.
부드러운 돌을 점토에 섞어서 섭씨 1,100도가 넘는 불에 굽지요.

# 현대 미술이 뭘까요?

현대 미술이란 19세기 말부터
21세기에 걸쳐 만들어진 예술 작품을 말해요.
가장 유명한 현대 미술 종류를 소개할게요.

*팝아트

입체주의

초현실주의

미래주의

*팝아트 : 일상 생활 속의 광고, 만화 등을 활용한 작품.

현대 미술가들은 다양한 재료로 작품을 만들어요.
또 설치물 같은 작품을 만들기도 해요.

거리 예술가들은 모두가 볼 수 있게 건물 벽에 그림을 그려요.

# 컴퓨터로 예술을 할 수 있을까요?

오늘날에는 물감이나 붓으로 예술 작품을 그릴 필요가 없어요.
대신 디지털 도구로 멋진 작품을 만들지요.
이 책의 그림도 컴퓨터로 그렸어요.

디지털로 그림을 그리는 것도 붓으로 그리는 것만큼
생각이나 기술과 창의성이 필요하답니다.
컴퓨터나 태블릿으로 작업하면 좋은 점이 있어요.

어디서나 작업을 할 수 있고

쉽게 고칠 수 있어요.

시간과 보관 공간을 아낄 수 있지요.

전 세계 사람들과 같이 일하기도 쉬워요.

여러분이 원하는 그림 형태에 맞는 디지털 도구가 있고,
새로운 도구들이 계속 나오고 있어요.

# 예술이 좋은지 어떻게 알 수 있을까요?

우리는 많은 이유로 예술을 좋아하지만,
우리가 좋아한다고 해서 꼭 좋은 건 아니에요.
여러 가지를 따져봐야 해요.

그림이 표현하려는 것과 닮았나요?

미술 학파에 따라 다른 방법으로 사과를 그릴 수 있어요.

예술 작품을 감상할 때는
다음과 같은 질문을 해 보세요.

사과 그림의 역사는 어떻게 될까요?

기억에 남는 사과 그림이 있나요?

사과가 멋지게 그려졌나요?

이 사과 그림은 무엇을
말하고 있을까요?

# 예술로 무엇을 할 수 있을까요?

자신만의 작품을 만들어내는 것은 굉장히 만족스러워요.
집에 전시하거나 다른 사람에게 선물로 줄 수도 있지요.
실력이 뛰어나다면 예술을 직업으로 삼을 수도 있어요.
이런 직업은 어떤가요?

일러스트레이터는 생각이나 이야기를 그림으로 표현해요.

디자이너는 그래픽과 이미지로 잡지, 책 그리고 포장지 등을 만들어요.

미술 선생님은 그림 그리는 법, 조각하는 법을 아이들에게 알려 줘요.

예술품 관리자는 망가진 예술 작품을 고치고 보호해요.

애니메이터는 영화, TV, 컴퓨터 게임에 나오는 그림을, 프로그램을 사용해서 움직이게 해요.

큐레이터는 박물관에서 전시회를 준비해요.

예술가는 작품을 만들어 사람들에게 판매해요.

미술품 경매사는 작품에 가치를 매겨서 예술가들이 작품을 팔 수 있도록 도와줘요.

미술 치료사는 사람들이 불안이나 질병 같은 문제를 이겨낼 수 있도록 도와줘요.

예술은 우리 사회에도 중요해요.
예술은 우리의 생각에 영향을 주고
우리의 문화와 신념을 함께 나누게 해요.
예술은 과거를 되돌아보고
그때의 세상을 경험할 수 있게 해 줄 뿐 아니라,
복잡한 것을 더 쉽게 이해하도록 도와줘요.

## 이제, 예술이 무엇인지 알겠나요?

예술이 우리 모두와 사회에 꼭 필요하다는 걸요.

우리는 예술이 무엇이고 예술이 무엇을 하는지도 알고
예술이 어디서 시작되었는지
무엇으로 예술 작품을 만드는지도 알게 되었어요.
그림, 조각, 도자기가 무엇인지 알고
그림의 여러 종류도 알고
컴퓨터로 예술을 할 수 있다는 것도 알지요.
그리고 예술로 무엇을 할 수 있는지도 알게 되었어요.

예술의 가치를 이해하는 것은 매우 중요해요.
그림이나 조각이 얼마에 팔리는지가 아니라,
어떻게 우리의 상상력을 자극하는지 말이에요.

예술이 없는 세상이란 정말 따분할 거예요.
앞으로 여러분은 예술로 무엇을 하고 싶은지
생각해 보는 건 어떨까요?

# 이 책을 읽고 예술가와 함께 이야기해 봐요

### 예술은 우리 생활을 아름답게 만들어요

우리 주위에는 수많은 물건이 있어요. 멋진 자동차, 세련된 옷, 화려한 장신구, 예쁘게 꾸민 인터넷 화면, 귀여운 인형 등. 사람들이 사용하는 온갖 물건은 대체로 아름다운 모양을 하고 있어요. 그 이유는 물건을 만드는 사람과 그것을 사용하는 사람 모두가 예쁜 것을 좋아하고 원하기 때문이에요. 이런 마음을 '욕망'이라고 해요.

예술은 아름다움을 원하는 우리의 욕망을 실제로 이루어지게 해요. 물건들이 예쁘게 디자인되는 것도 예술의 중요한 기능이거든요. 디자인과 예술은 한 가족이랍니다.

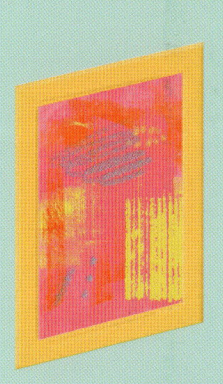

## 예술의 아름다움과 자연의 아름다움은 같을까요?

공작새나 표범, 산이나 바다의 풍경은 멋지고 아름답지만 예술이라고 할 수는 없어요. 동물이나 풍경은 우연히 만들어진 자연의 모습일 뿐이에요. 예술이란 어떤 사람이 마음속에 품고 있는 생각을 종이 위에 그리거나 손으로 만드는 것을 말해요.

여기에는 큰 차이가 있어요. 사람은 스스로의 노력과 행동으로 아름다움을 나타내지만 동물과 식물은 스스로 원해서가 아니라 우연히 그렇게 나타난 자연의 모습일 따름이니까요.

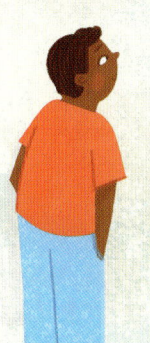

예쁜 물건을 원하고 아름답게 자신을 가꾸는 사람은 동물이나 식물과는 다르게 아름다움에 대한 '의지'가 있답니다. 의지는 동물이나 식물에는 해당되지 않는 말이에요. 사람은 각자가 자기만의 선택으로 무엇을 원하고 행동하게 되는데, 이것이 바로 의지랍니다. 그러므로 아름다움을 원하는 사람의 의지가 '예술을 만들어내는 힘'이라고 할 수 있어요.

## 예술은 중요한 내용을 쉽고 특별하게 전달해요

예술은 말이나 글로는 표현하기 힘든 누군가의 복잡한 생각과 감정을 형태로 나타내며, 어떤 사건이나 교훈을 쉽게 전달하기도 해요. 한글을 읽을 줄 모르는 외국인도 그림을 보면 그 뜻을 쉽게 알 수 있거든요. 그래서 사람들이 지금처럼 교육을 받지 못한 아주 옛날에는 그림이 책의 역할을 했답니다.

지금도 정치인들은 자신의 주장을 강조하고 싶을 때 그림을 이용해요. 종교인들도 신의 세계를 알리고 싶을 때는 음악이나 조각, 미술 같은 예술품을 활용하죠. 그래서 절이나 교회에는 유난히 예술 작품이 많아요. 한마디로 예술은 사람을 이해시키고 설득하는 데 아주 큰 장점을 가지고 있어요.

문화유산을 사람들에게 보여 주고 전통을 잊지 않도록 하는 것도 예술의 역할이에요. 박물관에 전시된 유물 같은 예술품은 어떤 시대의 문화유산을 이어가게 하려는 목적이 있어요.

예술은 서로의 감정과 경험을 전달하는 데도 큰 도움을 줘요. 예술가의 감정과 경험이 담겨 있는 작품을 보면 아무리 다른 생각과 경험을 가지고 있는 사람이라 해도 쉽게 이해하고 공감할 수 있어요.

## 인간의 역사는 예술의 역사예요

우리는 아주 오래전부터 예술 활동을 했어요. 원시인도 동굴이나 바위에 그림들을 그렸답니다. 사람들은 흔적 남기기를 좋아해서 잠깐이라도 어떤 장소에 머무르면 그림이나 낙서 같은 흔적을 남겼지요. 낙서가 예술이냐고요? 현대의 예술은 우리가 무언가를 표현하기 위해 만들거나 그리는 모든 것을 예술이라고 한답니다. 그런 의미에서 인간의 역사에는 항상 예술이 함께 했어요. 예술에는 당시 사람들의 생각과 경험, 사건들이 온전히 담겨 있어요.

예술품을 감상하는 이유는 눈으로 보는 즐거움만이 아니라 오래된 옛날을 눈으로 직접 확인하고 느낄 수 있어서예요. 이처럼 예술을 아름다움이 아니라 그 속에 담긴 내용을 알기 위해 공부하는 것을 '미학'이라고 해요. 과거의 사실을 문자로 기록한 것이 '역사'라면 그것을 형태로 나타낸 것이 '예술'이지요.

#### 글쓴이 사라 월든 Sarah Walden
뉴캐슬 대학교에서 영문학을 전공하고, 워릭 대학교에서 아동문학 석사 학위를 받았어요. 영국 펭귄 랜덤 하우스 출판사 등에서 오랫동안 일하며 우수한 콘텐츠를 만들고, 파는 일을 했지요. 지금은 Noodle Juice Ltd 의 창립자이자 전무이사로 일하고 있어요.

#### 그린이 케이티 루스 Katie Rewse
영국 본머스 대학과 대학원에서 일러스트레이션을 공부하고 어린이책 일러스트레이터로 일하고 있어요. 2020년에는 AOI 월드 일러스트레이션 어워드의 최종 후보에 올랐으며, 2021년에는 그림을 그린 《Climate Action》이 블루 피터 북 어워드의 최종 후보에 올랐고 워터스톤의 이달의 어린이 도서 중 하나로 선정되기도 했어요. 여행이나 모험을 좋아해서 그림을 그리지 않을 때는 가족과 함께 캠핑카를 타고 바닷가를 탐험해요.

#### 도움글 한명식
프랑스 리옹 응용예술학교(Ecole d'art Applique de Lyon)에서 공간디자인을 공부했고, 지금은 대구한의대학교 건축디자인학부 교수로 학생들을 가르치고 있어요. 건축을 포함한 모든 예술의 형태에 관심이 많고, 우리가 왜 예술을 원하는지에 대해서도 연구 중이에요. 지은 책으로는 《예술을 읽는 9가지 시선》, 《바로크 바로크적인》, 《나의 바로크》 등이 있어요.

질문 많은 어린이를 위한 생각 수업
## 예술이 왜 필요할까?

초판 1쇄 발행 2023. 10. 15.

| | |
|---|---|
| 글쓴이 | 사라 월든 |
| 그린이 | 케이티 루스 |
| 옮긴이 | 이채이 |
| 발행인 | 이상용 |
| 발행처 | 봄마중 |
| 출판등록 | 제2022-000024호 |
| 주소 | 경기도 파주시 회동길 363-15 |
| 대표전화 | 031-955-6031 |
| 팩스 | 031-955-6036 |
| 전자우편 | bom-majung@naver.com |

ISBN 979-11-92595-29-0 74600
　　　979-11-92595-23-8 74080 (세트)

값은 뒤표지에 있습니다.
잘못된 책은 구입한 서점에서 바꾸어 드립니다.
본 도서에 대한 문의사항은 이메일을 통해 주십시오.

봄마중은 청아출판사의 청소년·아동 브랜드입니다.